2 ¡A la av

MW01713963

Revised Edition

Los secretos de familia

a graded reader for beginning students

Kay Jarvis-Sladky

EMC Publishing

ST. PAUL • LOS ANGELES

Editor: Hannah da Veiga
Production Editor: Bob Dreas
Text Designer: Jack Ross
Cover Designer: Leslie Anderson
Production Specialist: Charles Sawyer
Artist: Hetty Mitchell

ISBN 978-0-82193-845-4

875 Montreal Way
St. Paul, MN 55102
E-mail: educate@emcp.com
Web site: www.emcp.com

Printed in the United States of America

16 15 14 13 12 11 10 09 08 07 1 2 3 4 5 6 7 8 9 10

Introduction

The series *¡A la aventura!* has been designed to develop reading skills for the beginning Spanish student. To facilitate the comprehension process, over 80% of the vocabulary and grammatical structures used are typically found in first-year textbooks. This word base increases gradually and sequentially throughout the series. The remaining vocabulary, expressions and structures are glossed in the margin. There is a vocabulary section in the end of each book where new words from the series are summarized.

The adventure in each story portrays American and Spanish-speaking youth involved in a contemporary situation as they experience daily life in Mexico (Books 1 and 2) and Spain (Books 3 and 4). Integrated within the plots are essential and interesting cultural topics and vocabulary. The backdrop for each adventure includes the cultural activities appropriate to the time of year in which the adventure occurs. Each of the books is a complete adventure story with comprehension and language activities following each chapter. The series gives the beginning student the opportunity to develop reading skills at an early level as well as explore a high-interest adventure in a contemporary cultural setting.

 means it is an oral activity with a partner or group.

 identifies the activity as something that needs to be written.

 indicates an activity that requires the use of the Internet.

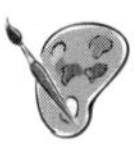 indicates that you will draw something according to some instructions.

1

Una misión personal

Es un día fabuloso de octubre. Es la una y Steve Martínez acaba de terminar sus clases a las doce y media. No tiene mucha *tarea* porque hoy es el 30 de octubre, dos días antes del Día de Todos los Santos. Por eso, Steve decide *dar un paseo* por el *Bosque* de Chapultepec, el parque más grande y más famoso de México.

homework
to take a walk
woods

Steve, un norteamericano de Chicago, pasa este año con sus tíos y primos aquí en México. El 10 de junio *se graduó* de una escuela secundaria norteamericana y ahora estudia español en clases especiales cerca de la Ciudad Universitaria.

he graduated

En los tres meses que acaba de pasar en México, Steve aprende algo de las varias atracciones de esta gran capital. Una de sus favoritas es este parque. No hay parque así en Chicago. Chapultepec es un bosque casi en el centro de la ciudad.

Mientras camina, piensa en su situación en México. Steve está aquí para perfeccionar su español y vivir la vida mexicana...o *eso es lo que dice* a todos. Pero tiene una misión secreta que no explica a muchas personas. Hoy piensa en esta misión:

that's what he tells

Después de la muerte de su abuelo paterno, la familia aprende que en su *testamento* dejó una

will

inheritance; whichever grandchild who finds it
trick

herencia misteriosa a *«cualquier nieto que la encuentre».* Nadie sabe precisamente lo que es ni dónde está. Sus tíos y primos piensan que no es nada más que una *trampa* del viejo. Pero Steve lo toma más en serio.

own; two years ago
tell it to him
married
was; didn't like

Hoy Steve recuerda el día de la muerte de su *propio* padre en los Estados Unidos *hace dos años*. Unas horas antes de su muerte Steve y su padre hablaron solos. Su padre, muy enfermo, sabe que va a morir. Él le dice a Steve que tiene un secreto y que tiene que *decírselo:* tiene una hija en México. Ella está en México porque su madre y el padre de Steve nunca *se casaron.* No *era* posible porque al abuelo *no le gustaba* la

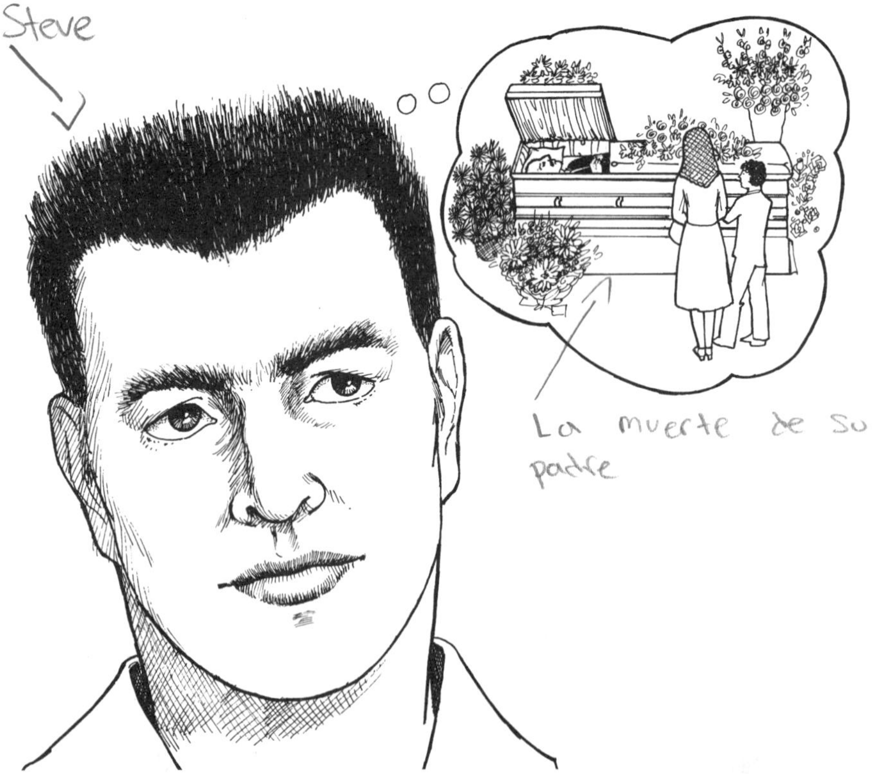

novia de su hijo. Por eso, el padre de Steve *no recibió* permiso para casarse y el abuelo *mandó* al padre de Steve a los Estados Unidos. En esta conversación el padre de Steve informa a Steve que piensa que su hija vive en Valle de Bravo, un pueblo en el Estado de México, y le da una foto vieja de la madre, su antigua novia. También su padre le dice que tal vez esta hija *pueda* ayudar a Steve a encontrar la herencia de su abuelo.

didn't receive — *sent* — *may be able*

Steve viene a México para preparar su misión: encontrar a su hermanastra y su herencia.

¿Qué comprendo?

A. Contesta las preguntas según el texto.
   1. ¿Adónde va Steve después de las clases?
   2. ¿Con quiénes vive Steve este año?
   3. ¿Cómo es el Bosque de Chapultepec?
   4. ¿En qué piensa Steve durante el paseo?
   5. ¿Cuál es la misión secreta de Steve?

B. A Steve le gusta caminar por los parques de México. Usa tu motor de búsqueda *(search engine)* favorito para encontrar información sobre el Bosque de Chapultepec. ¿Qué hay para hacer en este parque?

2

Otra opinión

Después de pasar unas horas en el museo, Steve vuelve a casa. Todavía piensa en su misión.

it was constructed

Camina a la parada del Metro que no está muy lejos del parque. Baja del Metro. Todo es muy moderno porque *fue construido* antes de los Juegos Olímpicos de 1968. Para un estudiante como Steve, el Metro es muy práctico porque es cómodo, rápido y, más importante, muy barato.

En unos minutos Steve está en la colonia de sus tíos y primos. Camina a la casa. Cuando entra, ve una carta de Guadalajara para él. En este momento, sus primos no están y Steve va a su alcoba a leer la carta.

They met

La carta es de Jennie, una amiga norteamericana que estudia este año en Guadalajara. *Se conocieron* durante su viaje a México en agosto. En la carta, Jennie le describe a Steve unas actividades y le dice que van a tener una fiesta fenomenal este fin de semana, el tres de noviembre. Jennie invita a Steve a la fiesta. Jennie le da su número de teléfono en la carta. Si Steve quiere ir a la fiesta, él debe llamarla.

envelope

— Ir a una fiesta con Jennie. Sí, quiero verla...Pero, no, este fin de semana, no. Voy a llamarla más tarde para explicar — dice Steve, y escribe su número de teléfono en un *sobre* —. Sólo puedo pensar en mi padre. Un buen hombre.

Y su hija es una conexión a él. Tengo que encontrarla.

Se sienta en la cama y toma una caja que está al lado de ella. Dentro de la caja, Steve tiene cosas que le *dio* su padre. Una cosa es un fragmento de una carta vieja con un mapa donde puede encontrar la herencia del abuelo. El único problema es que es un mapa similar a todos los pueblos en México: un *zócalo* con una iglesia, un banco, un edificio oficial y un café alrededor de él. En una parte del zócalo hay un "X" que indica dónde está la herencia. Una parte del mapa no existe. Por eso, no sabe en qué pueblo está.

gave
main square

En este momento entra su primo, José:

— Todavía piensas en la herencia. Steve, *no seas* tonto. A nuestro abuelo siempre le gustaban las trampas y esta es una trampa muy grande.

don't be

— Mira, José. Si puedo encontrar a mi hermanastra, tal vez puedo encontrar la herencia.

— Steve, sabes que la familia piensa mal de la primera novia de tu padre. ¿Quién sabe dónde está? Sí, su familia es de Valle de Bravo pero quién sabe si ella todavía vive allí. No seas loco. Vamos a *pasarlo bien* este fin de semana. *No pienses en* cosas serias.

have a good time
Don't think about

Steve se levanta y va al comedor para la cena.

¿Qué comprendo?

A. Contesta las preguntas según el texto.
   1. ¿Por qué le gusta a Steve el Metro?
   2. ¿Qué dice Jennie en su carta?
   3. ¿Qué está en la caja?
   4. ¿Por qué no es útil *(useful)* el mapa en este momento?
   5. ¿Qué piensa José acerca de la misión de Steve?

B. Llena el espacio con la palabra apropiada.
   1. El _______________ es muy práctico para un estudiante como Steve.
   2. Jennie le escribe a Steve desde la ciudad de _______________.
   3. Steve escribe el número de teléfono de Jennie en el _______________.
   4. Steve quiere encontrar la _______________ de su abuelo.
   5. José piensa que no hay una herencia. Piensa que es solo una _______________ de su abuelo.

Una decisión

Son las nueve y la familia se sienta a la cena. Generalmente esta comida no es muy grande. Se come la comida grande a las dos. Para la cena se come sólo una cosa. Hoy se comen tamales.

Todos hablan de su día y especialmente de los días de fiestas que vienen muy pronto: El día de Todos los Santos y el Día de *los Difuntos*.

— ¿Qué hacen para celebrar estos días? — pregunta Steve.

— La mayoría de las personas va a los cementerios con flores para las tumbas de los *muertos* de su familia — explica la tía —. Algunas personas en los pueblos *aun* llevan comida para los muertos. Claro, ¡los muertos no pueden comer sin la ayuda de los vivos!

— ¿Por qué hacen eso? — pregunta Steve.

— Durante estos días *recordamos* a los santos — dice el tío —, a los muertos que están en el *cielo* y especialmente a los muertos de nuestras familias que *esperamos que sean santos.*

— Pero no estamos seguros — comenta José — que *estén* en el cielo o que *sean* santos. Por eso, el Día de los Difuntos recordamos a todos los muertos y *rezamos* para *los que* todavía no están en el cielo.

— Las flores y la comida son una manera de sentirnos más cerca a los muertos y de respetarlos — dice Victoria, la hermana de José.

Steve escucha silenciosamente y piensa en su padre, su buen amigo hasta su muerte. Pero no dice nada y decide:

— Tengo que comenzar mi misión...en seguida...mañana.

the Dead
dead (persons)
even
we remember
heaven
we hope are saints
they are
we pray...those who

¿Qué comprendo?

A. Contesta las preguntas según el texto.

1. ¿Cuáles son los días de fiesta que van a celebrar?
2. ¿Adónde van muchas personas para estos días de fiesta?
3. ¿Qué llevan muchas personas a los muertos?
4. ¿Qué decide Steve al fin del capítulo?

B. El Día de los Difuntos es una gran parte de la cultura mexicana. Usa tu motor de búsqueda favorito para encontrar información sobre ese día. ¿Cuáles son algunas de las costumbres de este día? ¿Por qué es importante para muchas familias? ¿Cuáles son algunas comidas típicas para esta fiesta?

4

Una chica

Steve se levanta temprano por la mañana. Está seguro de su decisión. Habla el español *lo suficientemente bien* para ir a un pueblo y hablar con la gente que puede ayudarlo en su misión.

well enough

Sale de la casa a la misma hora que normalmente sale a sus clases. Hace buen tiempo. Hace fresco y hay sol. Decide tomar un taxi para ir a una estación de autobuses que está cerca del mercado. Steve sabe que hay muchas compañías de autobuses en México y que los precios son baratos.

Esta compañía no es muy grande y la estación es pequeña. *Sin embargo,* hay mucha gente *esperando* autobuses. Steve espera para comprar su boleto. Cuando llega a la *ventanilla,* pide:

— Un boleto *de ida* y *vuelta* a Valle de Bravo.

— 200 pesos — dice el vendedor.

Steve toma dos *billetes* de cien pesos y paga al señor.

Después, Steve ve a una mujer con dos niños, un viejo con tres cajas y una joven *vestida de luto.* Steve se acerca a la joven.

— ¿Va Ud. a Valle?

— Sí — responde la joven.

Nevertheless
waiting for
ticket window
round-trip
bills
dressed in mourning

— ¿Es Ud. de Valle?

— Sí.

— ¿Estudia o trabaja Ud.?

ask many questions — Ud. *hace muchas preguntas*. Trabajo aquí en la capital. Voy a casa para los días de fiesta

died con mi familia. Mi hermano *murió* el cinco de agosto. Por eso, estos días son especiales para nosotros este año.

My sincerest condolences — *Mi más sentido pésame*. También estos días son especiales para mí. Es la primera vez que observo estos días en México.

— Nuestras costumbres son bonitas. Ud.

did you learn habla bien el español. ¿Dónde *aprendió* su español?

I learned — *Aprendí* un poco en mi casa porque mi

was padre *era* de México pero también estudio español aquí en la capital...Me llamo Steve.

— Me llamo María Elena.

Se dan la mano.

— Mucho gusto, Steve.

— El gusto es mío, María Elena.

De pronto viene el autobús. Toda la gente

make a line *hace una cola* rápidamente para obtener un buen

seat *asiento*.

— ¿Me permite ayudarla con la maleta? — dice Steve.

Los dos suben al autobús para el viaje a Valle de Bravo.

¿Qué comprendo?

A. Contesta las preguntas según el texto.

1. ¿Qué tiempo hace?
2. ¿Cómo va Steve a la estación de autobuses?
3. ¿Cuánto cuesta *(cost)* el boleto que compra Steve?
4. ¿Cómo está vestida la joven? ¿Por qué?
5. ¿De dónde es ella? ¿Cómo se llama ella?

B. Decide si estas frases son ciertas o falsas. Si son falsas, haz las correcciones necesarias.

1. Steve no habla español muy bien.
2. Steve viaja a Valle de Bravo en tren.
3. Steve compra un boleta de ida y vuelta.
4. Hoy es un día lindo. Hace fresco y hay sol.
5. Steve habla con una mujer vieja vestida de luto.

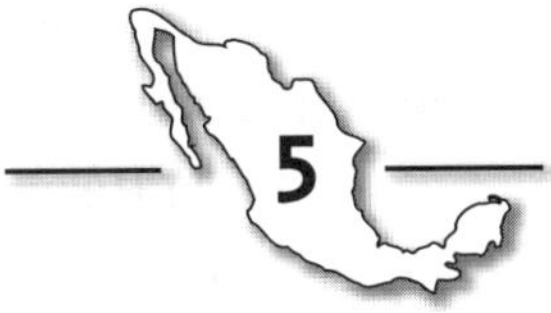

Una familia preocupada

Son las dos de la tarde y todo está preparado para una buena comida en la casa de la familia Martínez. Todos están listos para comer — excepto Steve. ¡No está!

— ¿Dónde está Steve? — pregunta la tía.

— No sé, por lo general, como muchos norteamericanos, es muy puntual y especialmente para las comidas — dice José.

— Pues, todo está listo. Vamos a comer — anuncia la tía—. Tal vez llega tarde una vez.

La familia se sienta a comer. Comienza con una sopa; después, viene un plato de *filete* con arroz, frijoles y una ensalada verde. Cuando se sirve el postre, todavía no está Steve.

thin steak

— *Ahorita* estoy preocupada — dice la tía —. ¿Dónde está Steve?

right now (Mex.)

— Le gusta mucho Chapultepec. Tal vez está allí — sugiere José.

— O puede estar en la Ciudad Universitaria — comenta Victoria —. Tal vez tiene que hablar con su profesor.

— Pero nadie habla acerca de clases durante la hora de la comida — observa José.

— Es verdad — dice Victoria.

— Tal vez hay un *recado* en su alcoba y está en una excursión de estudiantes — piensa José —, a las pirámides de Teotihuacán o a la Basílica de Guadalupe.

message

— Sí, la Basílica — exclama la tía —. Tal vez hay ceremonias especiales en preparación para Todos los Santos.

— Pero, ¿a esta hora? — pregunta el tío.

— No, pero la Basílica está a una hora de aquí y si es una excursión de estudiantes, tal vez van a comer en el camino, en un Denny's o en Pizza Hut — explica José.

— Para esto mando a mi hijo a la universidad. Sabe todo — dice el tío *en broma.*

jokingly

— Pero Steve siempre nos dice sus planes — comenta la tía.

— Cuando termine este flan, voy a ver si hay un recado en su alcoba — anuncia José.

— Muy bien, pero cuando termines — dice la tía.

baked custard

— Mamá, ¡qué rico está el *flan*! Lo como en cinco segundos. Con permiso.

— ¡Ay, José! ¡Cómo no!

José se levanta y va a la alcoba de Steve a buscar un recado.

¿Qué comprendo?

A. Contesta las preguntas según el texto.

1. ¿Por qué está preocupada la familia?
2. ¿Cuáles son unos lugares (places) que posiblemente visite Steve?
3. ¿Qué comen de postre?
4. ¿Qué busca José en la alcoba de Steve?

B. Para cada categoría, haz una lista de ejemplos con la ayuda del texto.

1. comidas
2. lugares turísticos

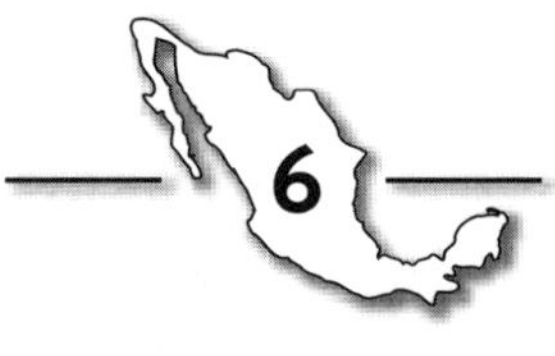

El viaje a Valle

they use the «tú» form

Switzerland

Durante el viaje Steve habla con la joven. Ya *se tutean.* María Elena le explica que Valle de Bravo es la «*Suiza* de México» porque hay montañas y siempre es muy verde, con pinos por todas partes. Además, muchas casas son como los «chalets» de

Suiza. Es un pueblo tranquilo y bonito al lado de un lago pequeño.

— ¿Vives mucho tiempo en Valle? — pregunta Steve.

— Toda mi vida — responde Maria Elena.

— ¿Te gusta?

— ¡Cómo no! Claro, no es muy grande, como la capital, pero es bonito todo el año. Por eso, muchas personas vienen de la capital a pasar sus vacaciones en Valle.

much to do

— ¿Hay *mucho que hacer* allí?

— Sí, a los turistas les gustan los deportes. Montan a caballo, pescan, practican el esquí acuático y *navegan a vela.* También hay una discoteca.

sail

— ¡Qué bueno! — dice Steve.

Ahora, María Elena le hace preguntas:

— Y Steve, ¿por qué vienes a Valle?

Decide explicar así:

— Creo que tengo familia allí...pero no estoy seguro.

— ¿De veras? ¿Cómo se llaman?

— No sé.

María Elena lo mira en una manera rara.

— ¿Cómo es eso? — le pregunta María Elena.

Steve no quiere decirle la verdad e inventa un poco.

spent
we lost

— Es que mi familia *pasó* varios años en los Estados Unidos y *perdimos* comunicación con mis primos. Tengo primos aquí que quiero conocer pero son los hijos de mi tía que era *last name*

hermana de mi padre. Por eso, no sé su *apellido*. El apellido de mi padre es Martínez.

— No es muy difícil porque las mujeres mexicanas tienen los apellidos de sus padres durante toda la vida. Pero hay muchos Martínez.

— Tengo una foto vieja de mi tía.

she reminds me of

— ¡Qué guapa! No la conozco pero *me recuerda* a alguien. No puedo recordarla ahorita.

En ese momento el autobús llega a Valle. La familia de María Elena la espera. Cuando se despiden, Steve le dice:

— Si puedes recordar quién es la mujer, favor de llamarme al Motel Montiel.

— ¡Cómo no! ¡Que te vaya bien!

¿Qué comprendo?

A. Contesta las preguntas según el texto.

1. Describe Valle de Bravo.
2. ¿Qué actividades son populares allí?
3. ¿Qué le dice Steve a María Elena acerca de su misión a Valle?
4. ¿Es la verdad?
5. ¿Qué le enseña Steve a María Elena?

B. Busca sinónimos en el capítulo para las siguientes palabras.

1. ruta
2. villa
3. extraña
4. instante
5. se despierta

7

La investigación de José

José entra en la alcoba de Steve. Hay unas cosas sobre la cama. Primero ve una carta de Guadalajara. Cerca del nombre y de la dirección de Jennie está *escrito* su número de teléfono en lápiz, probablemente por Steve.

written

José, sin pensar más, va al teléfono y llama a la operadora para hacer una llamada de larga distancia a Guadalajara.

— Hola, Jennie. Soy el primo de Steve. *No vino a casa* hoy para la comida. ¿Sabes algo?

He didn't come home

I wrote; *inviting him* *he hasn't told me*

— No sé, *escribí* una carta *invitándolo* a Guadalajara para una fiesta este fin de semana pero *no me ha dicho* nada. En este momento no sé si viene o no.

— Muy bien, gracias, Jennie. Si viene, favor de llamarnos en seguida. Estamos preocupados.

— O.K.

José cuelga el receptor del teléfono y estudia las otras cosas sobre la cama. En un sobre está escrito una dirección y un número de teléfono en Valle de Bravo.

Decide llamar en seguida a este número porque sabe que Steve quiere encontrar a su hermanastra y la herencia — si existen.

La operadora dice que es imposible comunicarse con Valle de Bravo.

— Por qué?

— ¿No sabe Ud. que hay pocos teléfonos en Valle y si hay un problema electrónico es difícil repararlo rápidamente?

— Pero en los meses de octubre y noviembre hace muy bien tiempo en estas partes de México. Sólo hay problemas con *tormentas* en verano. *storms*

— Sí, señor, pero, de todos modos, no tenemos comunicación con Valle ahorita. ¿Por qué no espera *un rato* para llamar otra vez? *awhile*

— Muy bien.

José cuelga el receptor y le *cuenta* a su familia las pocas noticias que tiene. *tells*

¿Qué comprendo?

A. Contesta las preguntas según el texto.

1. ¿Qué ve José primero cuando entra en la alcoba de Steve?
2. ¿A quién llama José en seguida? ¿Qué dice ella?
3. ¿Por qué no recibe noticias de Valle?
4. ¿Cuándo hay tormentas en México?

B. Escribe preguntas apropiadas para las siguientes respuestas.

1. Encuentra un sobre en la cama.
2. Llama a ella porque quiere saber dónde está Steve.
3. Busca a su hermanastra y la herencia.
4. Porque hay un problema electrónico.

8

search

La *búsqueda*

Steve va directamente de la estación de autobuses al Motel Montiel. Allí obtiene un cuarto y recibe la llave. Después, camina al zócalo. En casi todos los pueblos mexicanos hay un zócalo en el
pavilion centro. En este zócalo hay un *quiosco* en donde
promenades tocan música para *paseos* o días festivos. A todos lados de este zócalo hay edificios importantes. El más importante es la iglesia. Al otro lado están el banco y el edificio municipal; en otro, una cafetería grande con tiendas pequeñas a cada lado.

Steve piensa que es un pueblo bonito y tranquilo.

Steve decide hablar con el policía que está en su coche a un lado del zócalo.

— Buenos días, señor.

help you

— Buenos días. ¿En qué puedo *servirle?* — pregunta el policía.

— Vengo de México a buscar a una tía mía. Su apellido paterno es Martínez y tengo una foto.

Steve toma la foto y se la enseña al policía.

Él la examina y dice:

I've only been living here a year

priest

— Muy guapa, pero no la conozco. Es que *sólo vivo aquí hace un año* y todavía no conozco a muchas personas. Creo que Ud. debe hablar con el *cura* porque conoce a casi todos en el pueblo.

— Muy bien y ¿dónde está?

— Es un problema porque no está aquí siempre. Tiene que visitar otras iglesias en otros pueblos pero creo que está aquí mañana para la misa de Todos los Santos. Es mejor visitarlo en la iglesia antes de la misa.

— Muchas gracias. Muy amable.

— De nada. Para servirle.

apple cider drink

Steve camina a la cafetería al otro lado del zócalo. Entra, busca una mesa y se sienta. Pide una *sidra.*

Comienza a hablar con una familia que está en la mesa cerca de Steve. Él les cuenta algo de su «tía» y les enseña su foto. La señora de la familia dice:

— Creo que la conozco. Vamos a casa ahorita y pasamos por su casa. Si quiere, puede venir con nosotros.

Steve, con mucho entusiasmo, dice:

— Sí, con mucho gusto.

Terminan sus refrescos y caminan por la calle vieja y *estrecha*. Es de *piedra*.

narrow; stone

De pronto, se paran los señores y dicen:

— Aquí estamos.

Llaman a la puerta. Esperan. Llaman otra vez. No viene nadie.

— No están en casa. Puede Ud. dejar un recado o volver otra vez. No es posible llamar por teléfono porque sólo hay teléfonos en el centro.

— Vuelvo más tarde — dice Steve —. Gracias por su ayuda.

— De nada. Buena suerte.

Steve vuelve muy despacio al zócalo...con *esperanzas* para mañana.

hopes

¿Qué comprendo?

A. Contesta las preguntas según el texto.
   1. ¿Adónde va Steve después de salir del Motel Montiel?
   2. ¿Qué edificios están cerca del zócalo?
   3. ¿Por qué le gusta Valle?
   4. ¿Por qué no puede ayudar a Steve el policía?
   5. ¿A quién recomienda el policía?

B. Busca antónimos en el capítulo para las palabras siguientes.
   1. en las afueras
   2. insignificante
   3. materno
   4. esconde
   5. antipático
   6. nunca
   7. ancha

9

Una decisión de José

La familia Martínez en México habla de la situación de Steve.

he told me

— Creo que busca a la hija de la primera novia de su padre — dice José —. El otro día *me dijo* que quiere encontrarla y piensa que ella sabe algo de la herencia.

thought
refined; I married

— Es ridículo. El abuelo no era rico — explica el tío —. Además, al abuelo no le gustaba esa mujer porque era de una familia humilde del pueblo. El abuelo siempre *pensaba* que debemos casarnos con mujeres *«finas»*. Por eso, *me casé con* tu mamá.

bothers me…
didn't tell us

— Creo — comenta la tía — que todo esto de la otra familia y de la otra hija es una cosa seria para Steve. Cada persona quiere conocer a su familia. Lo que *me molesta* es que Steve *no nos dijo* nada. No es típico de él.

— Es verdad — dice José —, pero esta vez creo que *tiene vergüenza.* Sabe nuestra opinión de la otra familia y de la herencia y tal vez no puede hablar de sus sentimientos verdaderos.

he's embarrassed

— Así son muchos norteamericanos, *cerrados* — opina el tío —. Esto nunca pasa en esta familia.

closed (reserved)

— Es verdad — comenta Victoria —. Siempre hablamos y a veces *discutimos.*

we argue

— Steve es Steve — explica la tía — y tenemos que aceptarlo como es. Más importante, lo *queremos* y queremos encontrarlo.

we love

— Y tal vez Steve tiene razón — exclama José —. Tal vez hay una herencia y la otra novia o la hija saben dónde está.

— ¿Quién sabe? — dice el tío.

José hace otra llamada a Valle. Esta vez tiene suerte. La comunicación es buena y el número es del Hotel Montiel. Dicen que Steve Martínez tiene un cuarto pero que no está en ese momento.

— Favor de dejar un recado para él diciendo: «Llamarnos en seguida. Estamos preocupados. Tus primos».

José cuelga el receptor y le anuncia a la familia:

— Mañana voy a Valle. ¡Si hay herencia, quiero una parte!

¿Qué comprendo?

A. Contesta las preguntas según el texto.

1. ¿A quién busca Steve, en la opinión de José?

2. ¿Por qué al abuelo no le gustaba la primera novia del padre de Steve?
3. ¿Quién comprende la necesidad de la misión de Steve?
4. ¿Cuál es un estereotipo de los norteamericanos que tiene el tío?
5. ¿Qué decide hacer José después de llamar a Valle?

B. Llena el espacio con la palabra apropiada.

1. Steve busca la _______________ de la primera novia de su padre.
2. Al _______________ no le gustaba esa mujer.
3. El tío opina que muchos norteamericanos son _______________.
4. José dejó un _______________ para Steve en el Hotel Montiel.
5. ¡Si hay _______________, José quiere una parte!

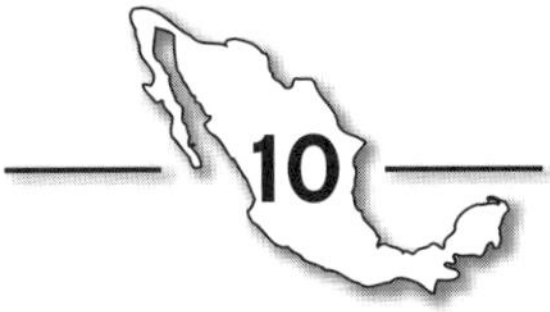

10

Teresa y su ayuda

Esta mañana, el día de Todos los Santos, Steve va primero a la iglesia. El cura está y Steve le explica su misión. Esta vez dice la verdad. Le explica la situación de su padre con una joven de ese pueblo hace veinte años. Le explica que *estaban* enamorados pero que sin el permiso del abuelo era imposible casarse...y que el abuelo

they were

mandó a su padre a los Estados Unidos a estudiar y a trabajar. Le enseña la foto vieja de la novia que ahora debe tener cuarenta años.

El cura escucha atentamente y responde:

I have been (living) — Sí, hijo, *llevo* muchos años en esta parte de

I knew México. *Conocí* a tu padre y también a la joven. Era muy guapa como en la foto y también muy buena pero ella ya no vive.

— ¡Ay, no! — exclama Steve —. ¿Qué pasó?

she had — Hace dos años que *tuvo* un accidente de automóvil en un viaje a Toluca. Murió en seguida.

— Lo siento. ¿En qué mes fue?

— Después de los Reyes...el 10 o 15 de enero.

— ¡Por Dios! ¿Sabe Ud. que mi padre murió el mismo mes?

— ¡Qué cosas hace Dios! ¿Verdad? ¿Quieres visitar su tumba después de misa hoy?

— ¡Cómo no! — contesta Steve —. Pero, también quiero conocer, si es posible, a su hija.

— Ella vive muy cerca de aquí. Puedo llevarte a su casa después de misa.

Cuando termina la ceremonia religiosa, los

twisted dos caminan por las calles *torcidas* y viejas. Muy pronto llegan a la misma casa de ayer.

El cura llama a la puerta y una joven, baja, güera y guapa, la abre. Los dos entran. En seguida Steve la reconoce. Es igual que la foto. El cura explica la situación y la joven aprende que Steve es su hermanastro. Ella le da la mano y dice:

— Hermano, bienvenido.

Los dos se abrazan. La joven, Teresa, es muy simpática y alegre. Quiere continuar sus estudios pero ahora es difícil por la muerte de su madre.

Did your mother talk

— *¿Habló tu mamá* acerca de una herencia? — pregunta Steve.

— Sí, me dijo que el viejo, o el abuelo, me *dejó* algo porque *se sentía culpable.* Pero ella sólo *sabía* que la herencia estaba en su *pueblecito natal* a una hora de aquí. No sé más que eso.

left...he felt guilty

knew...native village

— ¡Eso es! — grita Steve —. Tengo un mapa de dónde está la herencia pero es un fragmento y yo no sabía en qué pueblo estaba. Vamos a buscarlo ahorita.

Dicen «gracias» al cura y los dos corren al zócalo.

¿Qué comprendo?

A. Contesta las preguntas según el texto.

1. ¿Qué día de fiesta es hoy?
2. ¿Adónde va Steve primero?
3. ¿A quién busca allí?
4. ¿Qué noticia mala aprende acerca de la primera novia?
5. ¿Adónde va Steve después de misa? ¿Con quién?
6. ¿Dónde está la herencia, según Teresa?

B. Marca estos eventos con los números 1-6 en el orden que aparecen en el capítulo.

_____ Steve habla con el cura acerca de la novia de su padre.

_____ El cura cuenta que la novia de su padre murió.

_____ Termina la misa y van a la casa de la hermanastra de Steve.

_____ Steve y Teresa se abrazan.

_____ Steve se entera de que Teresa sabe en qué pueblecito está la herencia.

_____ Steve y Teresa corren al zócalo.

Una salida rápida

José llega a Valle de Bravo en autobús y va directamente al hotel. Mientras camina por el pueblo, busca a Steve y piensa:

— Va a ser fácil encontrar a Steve porque Valle es muy pequeño.

José conoce bien Valle porque muchas veces viene con amigos a este pueblo para pasarlo bien en las montañas y en el lago.

Ahorita, camina por el mercado que está abierto.

Por fin, llega al Motel Montiel. Va a la *dirección* y pregunta por Steve. Claro, no está. Deja otro recado y camina al zócalo. Cuando llega al zócalo, ve a Steve con una chica. Los dos suben a un taxi.

main desk

José grita:

— ¡Steve, Steve!

Sin embargo, el taxi sale con prisa. José quiere otro taxi pero en este momento no hay otro. Disgustado, José se sienta en un *banco* del zócalo para esperar su *vuelta.*

bench
return

¿Qué comprendo?

A. Contesta las preguntas según el texto.
   1. ¿Por qué va a ser fácil encontrar a Steve en Valle?
   2. ¿Por qué le gusta Valle a José?
   3. ¿Qué hacen Steve y Teresa cuando José los ve?

B. Dibuja algo de este capítulo. Estas son algunas posibilidades:
   1. un autobús
   2. un hotel
   3. montañas y un lago
   4. un banco del zócalo

12

En un pueblecito

Steve y Teresa llegan al pueblecito. Examinan bien el mapa. Es evidente que el mapa es de este pueblecito. Cada edificio está en la posición exacta, *indicada* en el mapa — *hasta* los bancos y los árboles del zócalo están allí precisamente como en el mapa.

indicated; even

La «X» en el mapa está cerca de un árbol grande enfrente de la iglesia.

— Aquí debe estar — anuncia Steve.

— Sí, eso es lo que indica el mapa — dice Teresa.

Let's begin to dig

— *Comencemos a cavar* — dice Steve.

— ¿Ahorita? — exclama Teresa.

— Sí, ¿por qué no?

— Pues, la policía va a venir en seguida porque el zócalo es público y no se puede destruir.

— Pues, vamos a pedir permiso de los oficiales y de la policía.

— Si hacemos esto — explica Teresa —, vamos a pasar un año con problemas legales. Va a ser necesario hablar con cien personas y recibir la *firma* de otras cien. No tenemos tiempo.

signature

— ¡Ay! Y muchas personas piensan que la vida en México no es complicada.

— No tienen razón — comenta Teresa —. La vida en todos los países es complicada — pero de manera diferente. Tenemos que decidir....

— Pues, si cavamos, la policía puede *echarnos* en la cárcel. Si pedimos permiso, no vamos a obtener nada con prisa.

throw us

— Exacto.

— ¿Por qué no cavamos a las cinco o a las seis de la *madrugada* cuando *sale* el sol — sugiere Steve.

early morning... rises

— Buena idea. Hay pocas personas a esa hora y generalmente los policías toman café o trabajan en sus oficinas a esa hora porque hay pocos problemas tan temprano.

— Entonces no hacemos nada hasta mañana.

Los dos caminan por el pueblo. Pasan una panadería que vende «pan de muerto», el pan típico del Día de los Difuntos. También hay dulces en formas de *calaveras* y *esqueletos.* Entran en la panadería para comprar algo.

skulls…skeletons

— Vamos al cementerio para ver las tumbas — sugiere Teresa —. Son más interesantes en los pueblos porque hay más comida para los muertos y, claro, más para los vivos.

Caminan al cementerio y ven que todas las tumbas están elegantes con flores y adornos. Cerca de una tumba está sentada una familia. Comen y beben.

— Eso es algo que sólo *se ve* en un pueblecito. En una ciudad sólo traen flores y adornos a las tumbas — explica Teresa —. No

one sees

hay comida en el cementerio. Tal vez comen pan de muerto o dulces especiales en casa pero no en el cementerio.

— Muy interesante. La vida aquí es muy diferente de la capital.

— Por supuesto. Aquí todo es más tradicional.

— Me gusta.

— Tenemos que encontrar dónde podemos dormir esta noche. Tengo familia aquí. Podemos quedarnos con ellos. Vamos a visitarlos ahora y, mañana, a levantarnos temprano para buscar la herencia.

¿Qué comprendo?

A. Contesta las preguntas según el texto.

1. ¿Por qué están casi seguros de que la herencia está en este pueblecito?
2. ¿Por qué no pueden cavar en seguida?
3. ¿Qué pasa si uno pide permiso para cavar?
4. ¿Cuándo deciden cavar?
5. ¿Qué compran en la panadería?
6. ¿Qué observan en el cementerio?

B. Busca sinónimos en el capítulo para las siguientes palabras.

1. analizan
2. precisa
3. romper
4. problemática
5. normalmente
6. muertos
7. despertarnos

13

¡Una trampa!

did he take

José espera el taxi en Valle. Viene en dos horas y José le pregunta al taxista adónde *llevó* a su primo y a la chica.

— A un pueblecito cerca de aquí...a una hora.

— Favor de llevarme allí. Le doy una propina si va rápido.

El taxista lleva a José al pueblecito y cuando llega no hay evidencia ni de su primo ni de la chica. Decide ir a la estación de policía para preguntar por ellos. Sin suerte, José decide dormir allí y esperar hasta la mañana para buscarlos.

relatives

Muy temprano, Steve y Teresa se levantan y salen sin decir nada a los *parientes* de Teresa. Van directamente al zócalo. Trabajan rápidamente y encuentran una caja vieja. Con cuidado, Steve la toma y la abre. Allí está un papel viejo.

property

Cuando lo abren, pueden ver que es un título para tierra en Chiapas. También hay una foto vieja con la inscripción «Tierra y casa en *propiedad* para cualquier nieto que encuentre este título».

— Mira — grita Steve, la casa es vieja y fea.

I thought we were going to

— Y *pensé yo que íbamos* a encontrar miles o millones de pesos.

got the last laugh

— Pues, el abuelo *se salió con la suya* — dice Steve.

En este momento llega un policía.

— ¿Qué hacen Uds.? Saben que es prohibido cavar en este parque.

Con el policía viene José.

— Steve, ¿qué haces?

— Buscamos la herencia. Quiero presentarte a mi hermana, Teresa. José, mi primo.

— Mucho gusto — dice Teresa y le ofrece la mano.

— El gusto es mío, guapa — responde José. ¿Qué suerte tienen?

— ¡Mala! — exclaman los dos.

— Sí — dice el policía —, porque voy a llevarlos a la cárcel o tienen que pagar una *multa* de 2000 pesos. Primero, a la cárcel para contestar nuestras preguntas.

fine

El policía camina entre Steve y Teresa para *guiarlos* y José viene de compañero.

guide them

¿Qué comprendo?

A. Contesta las preguntas según el texto.

1. ¿Adónde va José en el taxi?
2. ¿Puede José encontrar a Steve y Teresa en seguida?
3. ¿Qué encuentran Steve y Teresa en la caja?
4. ¿Es una herencia grande?
5. ¿Qué dice el policía cuando viene?

B. Decide si estas frases son ciertas o falsas. Si son falsas, haz las correcciones necesarias.

1. José espera el taxi en Valle de Bravo.
2. Cuando vuelve, el taxista lleva a José al mismo lugar adonde llevó a Steve y Teresa.
3. José decide volver a su casa para dormir.
4. Steve y Teresa encuentran una caja que brilla.
5. La caja contiene un título para tierra en Chiapas.
6. Steve está muy contento cuando ve la foto de la casa.
7. José viene con la policía y la policía se lleva a Steve y Teresa a la cárcel.

14

Noticias de la capital

El policía comienza su interrogación en su oficina:

— ¿Cómo se llama Ud.?

— María Teresa Martínez Silva — responde Teresa.

El policía escribe en su cuaderno y continúa:

— ¿Y Ud.? — le pregunta a Steve.

— Steve Martínez.

— ¿De dónde es Ud., señorita?

— Soy de Valle de Bravo.

— ¿Y Ud.? — le pregunta a Steve.

— De Chicago, Illinois, en los Estados Unidos.

— Su tarjeta de turista — manda el policía.

Steve saca su tarjeta de turista y se la da al policía.

— Muy bien — comenta el oficial —. ¿Qué hacen Uds. en nuestro zócalo?

Steve mira a Teresa y comienza a hablar.

— Mi padre era de la capital cuando era joven. Estaba enamorado de una chica de Valle de Bravo. Ellos *querían* casarse pero el padre de mi padre, mi abuelo, no le *permitió casarse a mi padre con ella.* Mi abuelo mandó a mi padre a los Estados Unidos para estudiar y trabajar. Más tarde, él se casó con una mujer en los Estados Unidos.

wanted

did not allow my father to marry her

pregnant...left · *wrote her* · *anguish...suffered*

— Mi mamá — continúa Teresa — era la chica. Estaba enamorada de mi padre y *embarazada* cuando *salió* mi padre para los Estados Unidos. Ella se casó con un hombre muy bueno cuando yo era niña. Siempre yo pensaba que él era mi papá. Cuando tenía quince años, como Ud. sabe, este año es importante para todas las chicas mexicanas, mi mamá me dijo la verdad acerca de mi padre. Me dijo que al padre de él no le gustaba ella. Por eso no se casaron. Pero hace tres años, me dijo que el abuelo, muy enfermo, *le escribió* una carta diciendo que se sentía culpable por el *dolor* que *sufrió* ella hace muchos años. En esta carta le dijo:

tell her

> Dejo una herencia a cualquier nieto que la encuentre. Su hija es la única nieta que tiene esta información, *dígale* que la herencia está en el pueblo natal de Ud.

was born

y este pueblo es dónde *nació* mamá hace cuarenta y cinco años.

— Y ¿dónde está su mamá? — le pregunta el policía con mucho interés en todo.

— Se murió hace dos años en un accidente de automóvil.

En seguida, Steve continúa su explicación.

he gave · *was living*

— Y mi padre se murió en el mismo mes. Antes de su muerte me *dio* un mapa de la herencia. Pero el mapa no era bueno porque yo no sabía en qué pueblo estaba. También mi padre me dijo que tenía una hija en México y que pensaba que *vivía* en Valle. Me dijo que tal *could*

vez ella *podía* ayudarme a encontrar la herencia. Tal vez todo esto era una idea del abuelo para presentarme a Teresa porque el abuelo le dio el mapa a mi padre. Es sólo una trampa del viejo.

— Steve llegó el otro día — comenta Teresa — y, claro, yo sabía en qué pueblo está. Todo fue muy dramático hasta que encontramos la herencia.

laugh

Los dos *se ríen.*

— La herencia es una casa vieja en Chiapas en una hacienda pequeña — continúa Steve —. La herencia *no vale nada.*

isn't worth anything

Steve le enseña al policía la foto.

Él la examina y comenta:

— No es la casa de un actor de cine. No es elegante. Es verdad pero vamos a investigar.

Él hace una llamada de larga distancia a la capital a una agencia del gobierno. Les pregunta acerca de la hacienda. Habla diez minutos. Cuando termina, tiene una gran *sonrisa* en la cara.

smile

— ¿Qué dice? — pregunta Teresa.

congratulations

Pues, *¡felicitaciones!* Esta agencia no sabía quién era el dueño de esta hacienda porque cuando murió el abuelo *no nombró* a nuevos dueños. *No importaba* porque la hacienda no era muy buena. Pero hace un mes, *se descubrió oro negro,* petróleo, allí y ahora la hacienda vieja vale millones de pesos. Y Uds. son los dueños. Pero tienen que hablar en persona con la agencia en la capital y llevar el título que *encontraron.*

didn't name

It didn't matter

black gold was discovered

you found

— Vamos a tener una celebración — grita Steve —. Todos a Valle a comer una comida elegante. ¡Mañana, a la capital!

¿Qué comprendo?

A. Contesta las preguntas según el texto.
   1. ¿Qué le enseña Steve al policía?
   2. ¿Quién sabe que la herencia está en este pueblo?
   3. ¿Quién sabe la posición exacta de la herencia?
   4. ¿Cómo ayuda el policía?
   5. ¿Qué aprenden acerca de la herencia?

B. Escribe preguntas apropiadas para las siguientes respuestas.
   1. Murió hace dos años en un accidente de automóvil.
   2. Ella es de Valle de Bravo.
   3. Él es de Chicago, Illinois, en los Estados Unidos.
   4. Es una casa vieja en Chiapas y no vale nada.
   5. Oro negro y petróleo.

Glossary

Contains the vocabulary for all four ***¡A la aventura!*** readers.

A

a to, at
abierto, -a open
abrazar(se) to hug
el **abrazo** hug
el **abrigo** coat
abrir to open
el **abuelo** grandfather
acabar de to have just
aceptar to accept
la **acera** sidewalk
acerca de about
acercarse (a) approach
actuar de to act as
además (de) besides
adentro within, inside
adonde, adónde where
la **aduana** customs
el **aeropuerto** airport
afortunadamente luckily
afuera outside
agitado, -a upset
el **agradecimiento** gratitude
el **agua (f.)** water
ahí there
ahora now
  ahora mismo right now
ahorita right now (Mex.)
ahorrar to save
la **alcoba** bedroom
alegrarse (de) to be glad (of)
  me alegro I'm glad
alegre happy
algo something
alguien someone
algún, **algúna** some, any
el **alma** soul
el **almacén** department store
la **almeja** clam
alrededor (de) around
alto, -a tall, high
allí there
amable kind, nice
el **ambiente** atmosphere
la **amistad** friendship
el **amor** love
¡Anda! Let's go!
andar to walk
andar a gatas to crawl
anoche last night
antes (de) before
antiguo, -a former, ancient
el **año** year
  tener...años to be... years old

el **aparato** appliance

apellido last name

aprender to learn

aquí here

aquí lo tiene(n) Ud. (Uds.) here it is

árbol tree

arreglar to arrange

el **arrepentimiento** repentance

el **arroz** rice

así so, thus

el **asiento** seat

el **asunto** matter affairs

asustar to scare

aun even

aunque although

el **avión** airplane

ayer yesterday

ayudar to help

el **ayuntamiento** city hall

azul blue

B

bailar to dance

bajar to get out of, to lower

bajo, -a low short

el **banco** bank, bench

el **baño** bathroom

barato, -a cheap

la **barba** beard

el **barrio** neighborhood

bastante enough

el **bate de béisbol** baseball bat

el **baúl** trunk

beber to drink

bello, -a beautiful

el **beso** kiss

bien well, fine

la **bienvenida** welcome

bienvenido, -a welcome

el **bigote** mustache

el **billete** bill (paper money)

el **boleto** ticket

la **bolsa** purse

el **bolsillo** pocket

bonito, -a pretty

el **bosque** woods

el **brazo** arm

la **broma** practical joke

en **broma** jokingly

buen(o), -a good

Bueno. Hello. (on the phone-Mex.)

el **bulto** bundle

buscar to look for

C

el **caballo** horse

caber to fit

la **cabeza** head

cada each

la **cadena** chain

caer to fall

caerse to fall down

el **café** coffee, café

el **café al aire libre** open-air café

caído fallen (dead)

la **caja** box

el **calamar** squid

calavera skull

caliente hot (temperature)

la **calle** street

la **cama** bed

el **cambio** change

caminar to walk

camino way, road

el **camión** a truck (Spain)

la **camisa** shirt

la **campaña** campaign

el **campo** countryside

la **canción** song

cansado, -a tired

cantar to sing

la **capa** cape

el **capirote** hood worn by penitent

la **cárcel** jail

la **carne** meat

caro, -a expensive

la **carretera** road

la **carta** the letter

la **casa** house

a casa (to) home

en casa at home

casarse (con) to get married (to)

casi almost

castellano, -a person from Castilla

el **castillo** castle

cavar to dig

la **cebolla** onion

celoso, -a jealous

cenar to eat supper

el **centro** downtown center

cerca (de) near

cerrado, -a closed

cerrado, -a con llave locked

la **cerradura** lock

cerrar (ie) to close

el **champiñón** mushroom

el **chico,** la **chica** boy, girl

la **choza** hut

el **churro** a Spanish pastry

el **cielo** heaven

el **cine** movie

el **cinturón** belt

el **cinturón de cuerda** rope belt

la **ciudad** city

¡claro! Of course!

la **clase** kind, class
el **clavel** carnation
el **cobre** copper
la **cocina** kitchen
el **coche** car
el **cochinillo asado** roast suckling pig
la **cofradía** brotherhood
cola: hacer una cola to make a line
colgar (ue) hang up
la **colonia** residential area (Mex.)
el **comedor** dining room
comenzar to begin
comer to eat
la **comida** meal food
como like, as
cómo how
  ¡Cómo no! Of course!
  ¿Cómo es? What is...like?
cómodo, -a comfortable
el **compañero,** companion
compartir to share
la **compra** purchase
comprar to buy
comprender to understand
con with
el **concierto** concert
conducir to drive
el **conductor** driver
el **conjunto** musical group
conmigo with me
conocer to meet to become acquainted with
construido, -a constructed
contar (ue) to tell, to count
contestar to answer
contigo with you
contra against
el **contrabando** smuggled goods
el **corazón** heart
la **corbata** tie
la **corona** crown
correr to run
la **corrida** bullfight
cortar to cut
la **corte** court
la **cosa** thing
  otra cosa something else
costar (ue) to cost
la **costumbre** custom
creer to think, believe
  creer que sí to believe so
la **criada** maid
el **crimen** crime
la **cruz** cross
el **cuadro** painting
cuál which, what
cualquier whichever

cuando, cuándo when

cuánto how much

el **cuarto** room quarter

cubierto, -a (de) covered (with)

el **cuchillo** knife

la **cuenta** bill

el **cuento** story

la **cuerda** string, rope

el **cuerpo** body

la **cueva** cave

cuidado care

tener cuidado to be careful

con cuidado carefully

cuidar de to take care of

la **culpa** blame, guilt

tener la culpa to be guilty

culpable guilty

el **cura** priest

D

dar to give

de of, from, about

debajo under

deber should, must

débil weak

decidir to decide

decir to say, tell

el **dedo** finger

dejar to leave (behind)

delante (de) in front of

dentro (de) within, inside

el/la **dependiente** salesperson

el **deporte** sport

deprimido, -a depressed

el **derecho** right

el **desayuno** breakfast

descansar to rest

descubrir to discover

desde from

el **desfile** parade

despacio slowly

despedirse (de) (i) to say good bye to

despertarse (ie) to wake up

después (de) after, afterwards

destruir to destroy

detenerse arrest

detrás (de) behind

devolver (ue) to return (an object)

el **día** day

día de fiesta holiday

el **dibujo** sketch

diciendo saying (pres. part./**decir**)

dicho told (past part./**decir**)

difícil difficult

el **difunto** dead (person)

diga tell (command/**decir**)

dijo said (pret./**decir**)

el **dinero** money

dio gave (pret./**dar**)

Dios God

¡Dios mío!;
¡Por Dios!
For heaven's sake!

la **dirección** address, main office, direction

dirigirse a go towards

el **disco** phonograph, record

discutir to argue discuss

doler (ue) to ache

el **dolor** pain, anguish

el **Domingo de Ramos** Palm Sunday

el **Domingo de Resurrección** Easter Sunday

donde, dónde where

dormido, -a asleep

dormir (ue) to sleep

dormir una siesta to take a nap

dormirse to fall sleep

el **dueño** owner

los **dulces** candies

durante during

E

echar to throw

la **edad** age

la **Edad Medieval** Middle Ages

el **edificio** building

la **Embajada** Embassy

embarazada pregnant

emocionado, -a excited

empezar to begin

el **empleado**, employee

enamorado, -a (de) in love (with)

el **enano** dwarf

encantado, -a charmed

encontrar (ue) to find

enfermo, -a sick

enfrente (de) opposite, in front (of)

engordar to gain weight

enseñar to show

entonces then

entre between

el **equipaje** luggage

era was (imperfect/ser)

la **escena** scene

esconderse to hide

escondido, -a hidden

escribir to write

escrito, -a written

el **escritorio** desk

escuchar to listen to

la **escuela** school

ese, esa, esos, esas that, those

el **esfuerzo** effort

eso that

por eso therefore

la **espalda** back

la **esperanza** hope

esperar to wait for, to hope

el **esposo,** la **esposa** husband; wife

el **esqueleto** skeleton

el **esquí acuático** water-ski

estaba was (imp./**estar**)

la **estación** station

estacionarse to park

los **Estados Unidos** United States

estar to be

este, esta, estos, estas this, these

estrecho, -a narrow

el **estuche** case

estudiar to study

la **etiqueta** tag

extraño, -a strange

F

fácil easy

facturar to check

la **Facultad** school, college within a university

la **fama** reputation

el **favor** favor

favor de (+ infinitive) please

por favor please

felicitaciones congratulations

feo, -a ugly

la **feria** fair

la **fiesta** party

la **fila** row

el **filete** thin steak

el **fin** the end

en fin in short

por fin finally

fino, -a refined

la **firma** signature

firmar to sign

el **flan** baked custard

la **flor** flower

el **folleto** pamphlet, brochure

el **fondo** background

fresco cool, fresh

los **frijoles** beans

frito, -a fried

fue was, went

los **fuegos artificiales** fireworks

la **fuente** fountain

fueron went (pret./**ir**)

fuerte strong

fumar to smoke

funcionar to work

G

las **gafas** glasses
la **gamba** shrimp (Spain)
ganar to earn
el **gato** cat
el **gemido** groan
general: por lo general generally
la **gente** people
el **gobierno** government
el **golpe** blow
gozar enjoy
el **grabado** etching
gran great
grande big
gris grey
gritar to shout
el **guante** glove
guapo, -a good-looking
guardar to keep
güero, -a fair-skinned (Mex.)
la **guerra** war
gustar to be pleasing to
el **gusto** pleasure
mucho gusto pleased to meet you

H

había there was, were
hablar talk
hacia towards
hacer to do to make
hacer (+ time period) ago
hace buen tiempo it's good weather
hacer la maleta to pack one's bag
hallar to find
el **hambre** (f.) hunger
tener hambre to be hungry
harto, -a (de) fed up (with)
hasta until, even
hay there is, are
hay que it is necessary
la **herencia** inheritance
la **hermanastra** stepsister
el **hermano**, la **hermana** brother, sister
hermoso, -a beautiful
el **hijo**, la **hija** son, daughter
el **hombre** man
la **hora** hour, time
hoy today
el **huevo** egg

I

la **iglesia** church
igual the same, equal
igualmente likewise
importar: no importa it doesn't matter

incluso including

indicando pointing out

los **informes** reports

la **inversión** investment

invertir to invest

el **invitado** guest

ir to go

ir a (+ infinitive) to be going to

J

el **jardín** garden, yard

el **jardín de niños** kindergarten

el **jefe** leader, boss

el/la **joven, jóvenes** (pl.) young people

la **joya** jewel

el **juego** game

jugar (ue) to play

el **juguete** toy

junto, -a together

L

la her, it, you (dir. obj.)

lado side

al lado (de) beside

el **ladrón** thief

el **lago** lake

la **lámpara** lamp

la **langosta** lobster

el **lápiz** pencil

largo, -a long

las them (f.), you (dir. obj.)

le to him, to her, to you (id. obj.)

la **leche** milk

leer to read

la **legumbre** vegetable

lejos (de) far

les to them, to you (id. obj.)

levantar to lift, to put up

levantarse to get up

limpiarse to

limpio clean

la **línea** line

la **línea aérea** airline

la **linterna eléctrica** flashlight

listo, -a ready

la **llamada** call

llamar to call

la **llave** key

la **llegada** arrival

llegar to arrive

llevar to bring along, carry, take; to wear

lo him, it, you (dir. obj.)

lo que what

loco, -a crazy

los them, you (dir. obj.)

los que those who

luchar to fight

luego then

el **lugar** place

la **luna** moon

la **luz** light

M

madrileño, -a of Madrid la

madrugada early morning

el **maíz** corn

la **mágica** magic

la **maleta** suitcase

malo, -a bad

mandar to order, to send

la **manera** way

la **mano** hand

dar la mano to shake hands

la **mantilla** lace scarf to cover head

la **manzana** city block

la **mañana** morning, tomorrow

el **mapa** map

la **máquina** machine

la **marca** brand, trademark

mareado, -a dizzy

más more

de más extra

mayor older

la **mayoría** majority

el **mazapán** Spanish Christmas candy

el **médico** doctor

medio (adv.) half

el **mediodía** noon

el **mejillón** mussel

mejor better

menor younger

menos less, fewer

por lo menos at least

el **mercado** market

merecer to deserve

el **mes** month

la **mesa** table

el **mesón** rustic bar

meter to put in

el **metro** meter, subway

miedo: tener miedo to be afraid

mientras while

el **milagro** miracle

la **minoría** minority

mío, mía, míos, mías mine

mirar to look at, watch

la **misa** Mass

la **Misa del Gallo** Midnight Mass

mismo same

a sí mismo to himself, herself

él mismo himself

modo: de todos modos in any case

molestar to bother

el **mostrador** counter

montar a caballo ride horseback

morado, -a purple

moreno, -a brunette, tan-skinned

morir to die

el **mostrador** counter

mover (ue) to move

el **muchacho** la **muchacha** boy, girl

mucho much, many (adj.) much (adv.)

la **muerte** death

muerto, -a dead

la **mujer** woman

la **multa** fine

el **mundo** world

la **muralla** wall (outside)

murió died (pret./**morir**)

el **museo** museum

la **música** music

el **músico** musician

muy very

N

el **nacimiento** Nativity scene

nació was born (pret./**nacer**)

nada nothing

de nada you're welcome

nadar to swim

nadie no one

la **nariz** nose

navegar a vela to sail

Navidad Christmas

necesitar to need

ni nor

ni...ni neither..nor

el **nieto** grandchild

el **niño** child

la **noche** evening

esta noche tonight

de noche at night

la **Noche Vieja** New Year's Eve

la **Nochebuena** Christmas Eve

el **nombre** name

notar to notice

las **noticias** news

la **novia** girlfriend

los **novios** sweethearts (pl.)

nuevo, -a new

nunca never, ever

O

la **obra** work of art

obtener to obtain, get

ocupado, -a busy

ofrecer to offer

oír to hear

el **ojo** eye

oler (huele) to smell

olvidar to forget

el **oro** gold

os you (fam. pl. - Spain)

oscuro, -a dark

otro, -a other

P

paciencia: tener paciencia to be patient

la **paella** Spanish rice dish

pagar to pay

el **país** country

la **palabra** word

la **palmera** palm tree

el **pan** bread

la **papa** potato (Mex.)

el **par** pair

para for, in order to

la **parada** stop

pararse to stop

parecer to seem

la **pared** wall

el **pariente** relative

la **parroquia** parish

la **parte** part

¿de parte de quién? Who's calling?

por todas partes everywhere

particular private

pasado, -a last, past

el **pasajero,** passenger

pasar to spend, to happen

pasar por to pass by

pasarlo bien to have a good time

pase Ud. come in

el **paseo** walk, a promenade

dar un paseo to take a walk

el **paso** float for Holy Week processions

el **pastel** pastry

la **patata** potato (Spain)

la **patria** homeland

pecado sin

pedir (i) to ask for

pegar to hit

la **pelea** fight

pelear to fight

peligroso, -a dangerous

la **peluca** wig

la **peluquería** hair salon

el **penitente** penitent (Holy Week)

pensaba thought (imp./ **pensar**)

pensar to think

pensar (+ infinitive) to intend to

pensar en to think about

pequeño, -a small

perder (ie) to lose

perdido, -a lost

el **periódico** newspaper

permiso permission

con permiso excuse me

pero but

pertenecer to belong

pesado, -a heavy

pésame: mi más sentido pésame my sincerest condolences

pesar to weigh

el **pescado** fish

pescar to fish

el **petróleo** oil

el **pie** foot

la **piedra** stone

el **pino** pine tree

la **pintura** painting

el **piropo** compliment

el **piso** apartment (Spain)

el **placer** pleasure

el **plato** dish, plate, course

poco, -a (adj.) few

un poco a little

poco a poco little by little

poder (ue) to be able

podía could (imp./**poder**)

el **policía** policeman, la **policía** police force

el **pollo** chicken

poner to put

ponerse to stand, put oneself to put on

ponerse de rodillas to kneel

por for

¿por qué? why

porque because

el **portal** entrance

el **portero** doorman

la **posada** Mex. Christmas custom

el **postre** dessert

el **precio** price

precioso, -a cute, darling

preferir (ie) to prefer

la **pregunta** question

preguntar to ask (a question)

preguntar por to ask for, inquire about

preocupado, -a worried

presentar to introduce, to present

prestar atención to pay attention

presumir to boast

la **primavera** spring

primero, -a first

el **primo,** cousin

prisa: darse prisa hurry up

con prisa rapidly

probar (ue) to prove

la **promesa** promise

prometer to promise

pronto soon

de pronto suddenly

la **propina** tip

propio, -a own

próximo, -a next

el **pueblo** town

el **pueblo natal** birthplace

el **puerco** pig

la **puerta** door

pues well

el **puesto** stand, booth

Q

que than, that, who

qué what

¡Qué va! No, nonsense!

¡Que te vaya bien! Have a good time! Take care!

quedar to remain, to be

quedarse to stay

querer (ie) to want, to love

quería(n) wanted (imp./**querer**)

querido, -a darling, dear (in letter)

el **queso** cheese

quién who

¿De quién? whose

el **quiosco** pavilion

quitar to take away, remove

R

la **raja** crack

raro, -a strange

el **ratero** pickpocket

rato: un rato a while

el **ratón** mouse

la **razón** reason

tener razón to be right

el **recado** message

el **receptor** telephone receiver

recibir to receive

recoger to pick up

reconocer to recognize

recordar (ue) to remember to remind

¡recuerde (Ud.)!; ¡recuerda (tú)! Remember!

el **refresco** refreshment

el **regalo** gift

regatear to bargain

registrar los bolsillos frisk

la **reina** queen

reírse (i) (de) to laugh (at)

el **reloj** clock

no hay más remedio there is no other recourse

la **respuesta** answer

reunirse to meet, get together

revisar to check

la **revista** magazine

el **rey** king

rezar to pray

rico, -a delicious, rich

robado, -a stolen

rodeado, -a (de) surrounded (by)

la **rodilla** knee

rogar(ue) to plea, beg

romper to break

la **ropa** clothing

rubio, -a fair, blonde

el **ruido** noise

rumbo a bound toward

S

saber to know; to know how to

sabía knew (imp./**saber**)

sabroso, -a delicious

sacar to take out

sacudir to shake

la **sala** living room, room

salir to leave, to go out

  sale el sol the sun comes up

el **salón de arte** art gallery

saludar to greet

el **saludo** greeting

el **santo** saint holy (adj.)

sea be (command/**ser**)

  o sea in other words

seguida: en seguida immediately

seguir (i) to follow to continue

según according to

segundo, -a second

seguro, -a: estar seguro to be sure

  ser seguro to be safe

la **semana** week

el **seminarista** seminarian

sentado, -a seated

sentarse (ie) to sit down

sentir (ie, i) to regret

  lo siento I'm sorry

ser to be

sería it would be

serio serious

  en serio seriously

servir (i) to serve to help

si if

sí yes (sign of emphasis)

la **sidra** apple cider drink

siempre always

siéntate (tú), siéntese (Ud.) sit down

sigue(n) follows, follow; continues, continue

la **silla** chair, saddle

sillón easy chair

simpático, -a nice

sin without

sin embargo nevertheless

sino but rather

el **sitio** place

sobre about

el **sobre** envelope

el **socio,** member

el **sol** sun

hay sol it's sunny

solo alone

sólo only

sonar (ue) to ring

el **sonido** sound

la **sonrisa** smile

la **sopa** soup

sordo, -a deaf

la **sorpresa** surprise

subir get in

el **suelo** floor

la **suerte** luck

tener suerte to be lucky

sugerir to suggest

Suiza Switzerland

supuesto: por supuesto of course

suspirar to sign

susurrar to whisper

T

también also

tampoco neither

tan so

tan...como as...as

tanto so much

la **tapa** appetizer (Spain)

tardar delay

la **tarde** afternoon; late (adv.)

la **tarea** homework

la **tarjeta** card

la **tarjeta de turista** tourist card

la **tarjeta de negocios** business card

la **taza** cup

temprano early

tener to have

tener que to have to

¿Qué tienes? What's the matter?

tenía had, was (imp./**tener**)

el **tesoro** treasure

el **testamento** will

el **tiempo** weather time

la **tienda** store

la **tierra** land

el **tío**, la **tía** uncle, aunt

el **tipo** guy

buen tipo good guy

el **tobillo** ankle

el **tocadiscos** record player

tocar to play, to touch

todavía still

todos all, everybody

todos los días everyday

tomar to take to have meals/ drinks

tonto, -a foolish, silly

torcido, -a twisted

la **tormenta** storm

el **toro** bull

la **tortilla** flat, thin cornmeal or flour cake; omelet (Spain)

la **tortillería** tortilla shop

la **torre** tower

trabajador hard-working

trabajar to work

traer to bring

el **traje** suit

el **traje de Nazareno** penitent's suit

la **trampa** trick

el **trapo** rag

tratar de to try to

triste sad

el **turrón** Spanish Christmas candy

tuyo, -a yours

U

último, -a latest

unas, unos a few

único, -a only

la **uva** grape

V

valer to be worth

el **vecino** neighbor

la **vela** candle

veo to see (yo/**ver**)

el **vendedor** salesperson

vender to sell

vendió sold (pret./**vender**)

venir to come

time expression + **que viene**

la **ventanilla** ticket window

ver to see

a ver let's see

nos vemos See you later

el **verano** summer

veras: de veras really

la **verdad** truth

verdadero, -a true, real

vergüenza: tener vergüenza to be embarrassed

vestido, -a dressed

vestido, -a de luto in mourning

vestirse (i) to get dressed, be dressed

vez time, occasion

- **a veces** sometimes
- **otra vez** again
- **tal vez** perhaps
- **una vez** once

el **viaje** trip

la **vida** life

viejo, -a old

el **villancico** Spanish folk carols

vino came (pret./venir)

el **vino** wine

la **vista** view

vivir to live

el **vivo** alive, living person

volver (ue) to return

- **volver a** (+ inf.) to ...again

la **voz** voice

- **en voz baja** low voice

el **vuelo** flight

la **vuelta** return

- **dar vueltas** to pace in circles
- **dar la vuelta a la esquina** to turn the corner

vuestro, -a, -os, -as your (fam. pl. - Spain)

Y

ya already, now

- **ya no** no longer

Z

el **zapato** shoe

la **zeta** distinctive th pronunciation of -ce, -ci and z (Spain)

el **zócalo** main square (Mex.)